Contents

Part 1 ぬい始める前に読んでおきましょう

1 必要な用具をそろえます …… 2
2 布を選びます …… 3
3 パーツを選びます …… 4
4 型紙を用意します …… 4
5 布を裁ちます …… 5
6 ぬい始めます …… 6

Part 2 基本のレッスンバッグ・シューズ袋・体操服袋

キルティング地を使って …… 8
レッスンバッグ
シューズ袋 …… 10
体操服袋 …… 16

普通地を使って …… 20
レッスンバッグ
シューズ袋
体操着袋 …… 22

Part 3 ランチ3点セット

お弁当袋　コップ袋　ランチョンマット …… 32
作り方 …… 34

Part 4 いろいろなアイテムを作りましょう

斜めがけバッグ …… 42
リュック …… 46
移動ポケット …… 48
ランドセルカバー …… 51
サブバッグ …… 55
防災ずきんカバー …… 58
エプロンセット …… 60
マスク …… 65
プールバッグ …… 68
ボトルカバー …… 71

コラム

好みの大きさで作れる！ 巾着のサイズ調整術 …… 31
余り布で作る ティッシュケース …… 39
好みの大きさで作れる！ お弁当袋のサイズ調整術 …… 40
ランドセルに合わせて作れる！ ランドセルカバーのサイズ調整術 …… 52
ぶきっちょママでもOK! お名前つけアイデア …… 64

Part 1 ぬい始める前に読んでおきましょう

1 必要な用具をそろえます

本書で紹介しているアイテムを作るために、最低限必要なソーイング用具を紹介します。
手芸店などで購入できるので、布といっしょにそろえておきましょう。

糸切りばさみ
にぎりばさみともいう。糸を切るときなど細かい作業に便利。

裁ちばさみ
布を裁つための専用のはさみ。クラフト用とは異なる。布以外には使用しないよう注意する。

目打ち
間違えたぬい目をほどいたり、角をきれいに出したりするときに使う。細かい部分をミシンでぬうときに布を押さえる（→p.13-7）ときにも使う。

水性チャコペン
布に印を描くのに使うソーイング用のペン。水などであとから消せるタイプがおすすめ。

ピンクッション
まち針や手ぬい針をさしておくためのクッション。

竹尺
竹製の定規。短い長さを測るときに使う。熱に強く、アイロンの作業中に使っても安心。幅が狭く、長さ20cm以下のものが使いやすい。写真は10cm。

メジャー
テープ状のものさし。立体のものや曲線の寸法を測るときによい。

手ぬい針
ミシンでぬえない部分（ぬいしろをとめるときなど）を手ぬいするときの針。

まち針
布と布、型紙と布をずれないようにとめるための針。

ひも通し
ひもを通すときに使う。袋もの以外にもパンツやスカートのゴムを通すときなど使えるので、1つ持っていると便利（→p.19）。

ミシン糸
ミシンぬいのときに使う糸。60番または50番を使用（→p.6）。

ミシン
バッグなど小ものをぬうには、直線ぬいとジグザグぬいができる家庭用ミシンでOK。

アイロン、アイロン台
布のしわを伸ばしたり、ぬいしろを折ったり割ったりするときにセットで使用するもの。作業中は常に近くにおいておきたい。

● 型紙作りに必要な用具

本書の一部アイテムには、そのまま切って使える実物大型紙がついていますが、その他のアイテムやオリジナルサイズのものを作る際に用意しましょう。

方眼定規
型紙を作るときに使うソーイング用の定規。ぬいしろ幅を平行に楽に描ける。

ハトロン紙
大判の白くて薄い紙。直接紙に描いて型紙を作るなら、方眼線の入ったものが使いやすい。

鉛筆またはシャープペンシル
型紙を描くのに使う。

クラフト用はさみ
型紙を切るのに使う。

まず、ソーイングに必要な用具をそろえて、布を選びます。ここでは本書の掲載アイテムに向いている布の種類や下準備の方法、パーツを紹介します。次に、ぬい始める前にしておく型紙作りの方法や、基本的なミシンぬいの知識などを解説。よく読んで確認しておきましょう。

2 布を選びます

布には、素材や、厚さ、織り方などが違うさまざまな種類があります。ここでは通園・通学バッグに向いていて、初心者におすすめの布の種類と、その特徴を紹介します。

キルティング地
2枚の布の間にキルト綿をはさみ、ステッチをかけた厚地の布。写真は、リバーシブルタイプ。厚地の布の中では比較的ぬいやすく、1枚で仕立てられるのがメリット。

シーチング
太い糸を平織りにした綿の普通地の布。下記のブロードより粗く織られている。

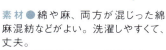

布選びのポイントはコレ！

素材●綿や麻、両方が混じった綿麻混紡などがよい。洗濯しやすくて、丈夫。
厚さ●普通地や、11号帆布やソフトデニムなどの中厚地がおすすめ。袋ものに薄地は避けたほうが無難。キルティング地も厚地ではあるが扱いやすい。
その他●目的によってはラミネート加工地やナイロン地も。ぬい慣れてきたら、挑戦を。コツはp.52を参照。

ブロード
細い糸を平織りにした普通地の布。シーチングよりも密に織られていて薄く、光沢がある。

オックス
たてとよこ、またはたてのみ2本糸を引きそろえて平織りにした中厚地の布。シーチング、ブロードよりも厚みがあり、丈夫。

綿麻
綿と麻の混紡の普通地の布。さらっとした手ざわり。丈夫で乾きが早いのが特長。

Point

まずは地直しを

布の織りのゆがみを直すことを「地直し（じなおし）」といいます。洋服と違い、バッグなどの小ものはサイズにゆとりがあるので地直しはアイロンで布目を正す程度で大丈夫。布の縮みが心配ならば、裁つ前に一度洗濯機で水洗いし、半乾きの状態で布のたて糸とよこ糸が垂直に交わるようにアイロンをかけて、しわを伸ばしてから裁ちましょう。布が縮みやすいかどうかは、購入時に販売店で確認すると安心です。

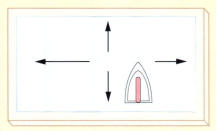

布の織りのたて糸、よこ糸に沿ってアイロンをかける。

3 パーツを選びます

布以外に必要となる材料を紹介します。テープやひも類にはさまざまなサイズがあるので、カン類はそれに合わせたサイズで選びましょう。それぞれの作り方ページにある材料を確認。初心者は本書の掲載どおりのサイズでそろえるのが無難です。

テープ
持ち手として使う手芸用テープ。幅は何種類かあるが、本書ではすべて幅2.5cmのものを使用。

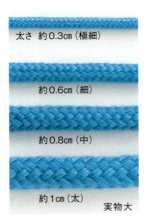

太さ 約0.3cm（極細）
約0.6cm（細）
約0.8cm（中）
約1cm（太）
実物大

ひも
巾着の入れ口などに使う手芸用のひも。通す場所、目的に合わせて太さを選ぶ。

面ファスナー
バッグの入れ口などにぬいつけて使い、子どもにも着脱しやすい。マジックテープ®という商品名でも市販されている。（→p.42の「斜めがけバッグ」で使用）

Dカン
アルファベットのDの形をしたカン（鐶）。（→p.10、p.26の「シューズ袋」で持ち手のテープを通して入れ口を閉じるのに使用）

コードストッパー
入れ口のひもを通して、口を閉めるためのパーツ。（→p.68の「プールバッグ」のミニ巾着、p.71の「ボトルカバー」で使用）

コキカン（左）、角カン（右）
テープに通して、ひもの長さを調整できるようにするカン。（→p.42の「斜めがけバッグ」で使用）

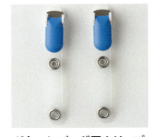

ポケットバッグ用クリップ
移動ポケットにつけて、スカートやパンツなどのウエストにはさむ専用のクリップ。（→p.48の「移動ポケット」で使用）

4 型紙を用意します

Point
自分で線を引いて型紙を作る手間がかからず、すぐに布を裁てます。

 付録の実物大型紙を使う場合

本書のレッスンバッグ、シューズ袋、体操服袋、お弁当袋、コップ袋には、切って使える実物大型紙がついています。これらを作るときは、付録の型紙の一番外側の太線に沿って切り抜きます。ぬいしろつきなので、そのまま布において裁ちましょう。

● **型紙を自分で作る場合**

Part3のランチョンマットとPart4のアイテムは自分で型紙を作ります。裁ち方図の寸法どおりに線を引いて型紙を作り、ぬいしろ線をつけて切り抜きます。

Point
型紙には必ず、パーツの名称、布目線、印をもれなく書き入れましょう。

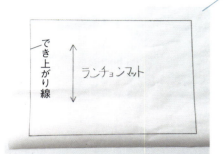
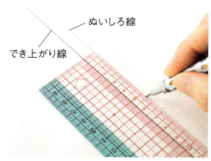
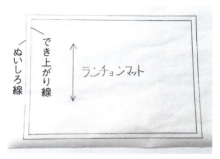

1 それぞれの作り方ページにある裁ち方図の寸法を参照して、ハトロン紙などの紙にでき上がり線を引く。

2 でき上がり線に対して平行にぬいしろ線を引く。ぬいしろの幅は裁ち方図にある指定の寸法にする。

3 ぬいしろ線に沿って切り抜く。

5 布を裁ちます

耳（たての布端）と型紙の布目線が平行になるようにおいて布を裁ちます。合印となるノッチ（切り込みの印）も忘れずに入れておきましょう。

Point
はさみは、浮かさないように下の刃を机につけて裁つこと。布は必ず型紙どおりに裁ちましょう。

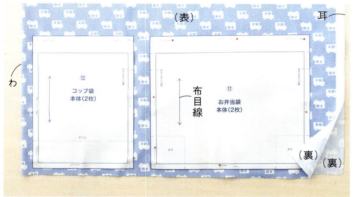

1 平らなところに布を外表（表が外側になるよう）におく。作り方ページの裁ち方図を参照して型紙を配置する。型紙の布目線と布の耳が平行になるように型紙をおいて、まち針で布にとめる。

2 型紙に沿ってはさみで布を裁つ。

● **合印となるノッチ（切り込みの印）を入れる**

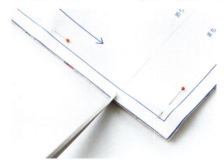

型紙にノッチ位置がある場合には、ぬいしろにはさみで0.3～0.5cmほどの切り込みを入れる。ぬいしろ幅の半分以上、切らないよう注意。

Point
布を裁ちながら印を入れられるので、チャコペンでの印つけよりも楽で、消える心配もありません。

6 ぬい始めます

さあ、いよいよミシンを使ってぬい始めましょう。ここでは、ミシンぬいのコツや、きれいに仕上げるためのコツを紹介します。

コツその1　試しぬいをする

いきなりぬい始めず、裁ったあとに余った布を使って試しぬいをしましょう。実際と同じ布と糸を使うこと。直線とジグザグをぬってみて、ぬい目を確認します。

●ぬい目の長さを確認

ぬい目は、細かすぎても粗すぎても、布がつれたり糸が切れたりします。右の写真を目安にして、直線ぬいとジグザグぬいのぬい目の長さを調整しましょう。

ぬい目の長さ調整ダイヤル
ミシンにはぬい目を調整できるダイヤルやボタンがあります。数字を大きくするとぬい目が粗くなり、小さくすると細かくなります。

ミシン糸
60番または50番を用意し、色は布の色に合わせて選ぶ。

ミシン針
キルティング地や持ち手にテープを使うバッグは、厚地用の14番を使う。その他は普通地用の11番を使う。

ぬい目の大きさの目安

直線ぬい

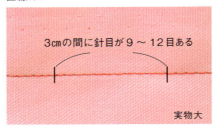

3cmの間に針目が9～12目ある

実物大

ジグザグミシン

5cmで8目前後ある

実物大

Point
布端始末のジグザグミシンが、布端を巻き込んでうまくぬえない場合などは、「3点ジグザグぬい」でもOK。ミシンにこの機能がなければ、布端をミシンでぬっておくだけでもほつれ止めになります。

 ×
 3点ジグザグぬい
 布端にミシン

●糸調子を確認

ぬい目を、表側と裏側から確認します。表側に下糸が見えていたり、裏側に上糸が見えていたら、上糸調子ダイヤルで糸調子を正します。

━━ 上糸　━━ 下糸

正しい糸調子
表側には上糸が、裏側には下糸のみが見えている状態。

（表）　（裏）

Point
正しい糸調子になるまで、何度か試しぬいをして調整しましょう。

上糸がきつい
表側から見たときに、下糸が見えている。

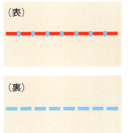
（表）
（裏）

ダイヤルの数字を小さくして上糸の調子をゆるめる。

上糸がゆるい
裏側から見たときに、上糸が見えている。

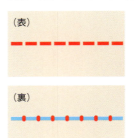
（表）
（裏）

ダイヤルの数字を大きくして上糸の調子をきつくする。

| コツその2 | ## ぬい始めとぬい終わりは返しぬいをする

ぬい始めとぬい終わりは、ぬった糸がほつれてこないように必ず2、3針ほど返しぬいをします（ジグザグミシンは除く）。

返しぬいレバー
レバーを押すとぬう方向が逆になる。返しぬいは、先にぬったぬい目に重ねてぬう。

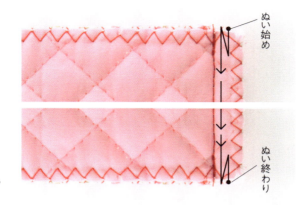

● ぬい始め
1 布端から2、3針ぬい進む。
2 2、3針ぬい戻る。
3 進行方向にぬい進む。

● ぬい終わり
1 布端までぬい進める。
2 2、3針ぬい戻る。
3 布端までぬい進む。

| コツその3 | ## 同じ幅でぬう

型紙につけたとおりのぬいしろ幅でぬわないと、きれいに仕上がりません。とはいえ、でき上がり線を描くのは手間がかかり、線を見ながらぬうと、意外とまっすぐぬえないもの。針板にあるめもりや、テープなどをはって目印にすると、ぬいしろ幅をそろえてぬうことができ、作業時間も短縮されます。

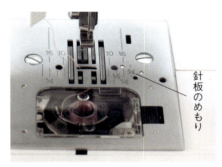

針板のめもり
針からめもりまでの寸法を確認しましょう。

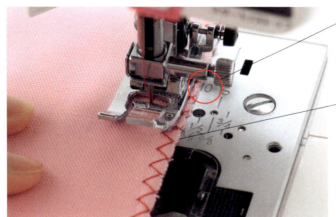

ぬいしろ幅と同じ針板のめもりの線に布端を合わせる。写真は10mm（1cm）の印に合わせている。

！常に布端をめもりの線に合わせるよう注意。

| コツその4 | ## 作業途中でアイロンを使う

ぬいしろを割ったり、折ったりする際にアイロンをきちんとかけておくと、仕上がりがぐんときれいになります。かけるときには、アイロンの先を使うのがコツ。

Point

針板にめもりがないときには、針を下ろして定規でぬう幅を測り、テープをはって目印をつけます。紙製のマスキングテープなら、きれいにはがせて便利です。

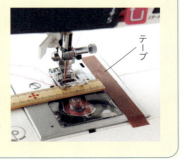

テープ

Part 2 基本のレッスンバッグ・シューズ袋・体操服袋

キルティング地を使って

レッスンバッグ
キルティング地

体操服袋
普通地

シューズ袋
キルティング地

裏布をつけない「1枚仕立て」で作ります。これはシンプルで、初心者におすすめの方法。レッスンバッグとシューズ袋は、厚みがあって丈夫なキルティング地を使い、体操服袋は、入れ口がしっかり閉まる普通地で。巾着タイプは、子どもが入れ口を楽にしぼれます。

作り方／レッスンバッグ、シューズ袋…p.10
体操服袋…p.16

Fabric Variation

同じワッペンをはっておくと、子どもが自分の持ち物を見分けやすくなります。アイロン接着タイプがおすすめ。

シューズ袋

体操服袋

レッスンバッグ

プリント柄はキルティング地と普通地の両方あるタイプを選ぶと統一感が出せます。

レッスンバッグ

体操服袋

シューズ袋

p.8-9

レッスンバッグ（1枚仕立て）→作り方は p.11
シューズ袋（1枚仕立て）→作り方は p.14

※体操服袋→作り方は p.16

材料 レッスンバッグ、シューズ袋　各1点分

布…キルティング地 100×80cm
その他…幅2.5cmのテープ120cm、内径2.5cmのDカン1個、
好みでアイロン接着ワッペン2個

布を裁つ

4ページを参照して型紙を用意し、布の表側におきます。

切って使える
実物大型紙
①④
を使用

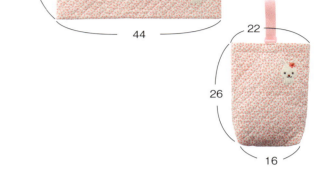

裁ち方図

裁ち方図 単位はcm。（　）内はぬいしろ。指定以外は1cm
— は裁断後にノッチ（切り込みの印→p.5）を入れる

キルティング地

④ シューズ袋 本体1枚
中央 (3)
2.5 持ち手つけ位置
29
22
3 まち 3

④ シューズ袋 本体1枚

（表）

同じ型紙で2枚裁つときは、まず1枚裁ち、
型紙を位置をかえて置き、もう1枚裁つ

① レッスンバッグ 本体1枚
中央 (3)
2.5　12　2.5
持ち手つけ位置　持ち手つけ位置
33
44

① レッスンバッグ 本体1枚

80

●レッスンバッグの作り方

＊単位はcm。わかりやすいよう、目立つ色の糸でぬっています。

ぬい合わせる前に布の周囲にジグザグミシンをかけて、ほつれないようにします。
ぬい始めとぬい終わりは、返しぬい（p.7）をします（ジグザグミシンは下記ポイントを参照）。

袋を作る

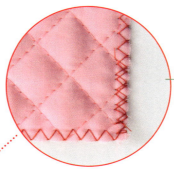

Point
ジグザグミシン（p.6）はぬい終わりに、ぬい始めに2〜3cm重ねてぬい、返しぬいはしません。

1 本体2枚のまわりにジグザグミシンをかける。

2 本体2枚を中表に合わせて（→p.13）、まわりをまち針でとめる。まず四隅をとめてから、その間にまち針をとめていく。

布がずれないよう、ぬう位置のあたりにとめる。

NG

ぬう位置から外れているとぬいずれる。針をさしすぎると危ないので注意。

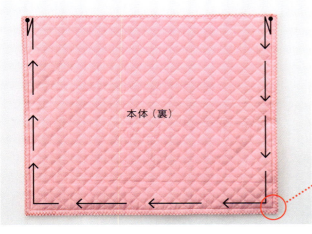

3 布端から1cm内側を、わき、底、わきの順にぬう。まち針はぬう手前で外す。

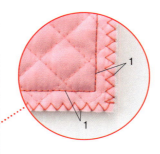

角をきれいにぬうには

わきをぬい進め、角の布端から1cm手前で、針を下ろした状態でとめ、押さえ金を上げる。

布を90度回転させ、押さえ金を下ろして再びぬい進める。

次ページに続く

4 角のぬいしろをぬい目に沿って折り、指で押さえる。

5 袋の中に右手を入れ、内側に折ったぬいしろを押さえながら表に返す。

6 表に返したところ。

目打ちで角をととのえる。

持ち手をつける

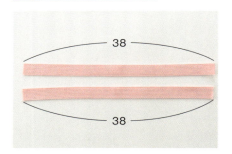

1 テープを38cmに2本カットする。

2 持ち手つけ位置にテープの端を合わせてまち針でとめる。

Point
布を裁つときに入れた持ち手つけ位置のノッチにテープを合わせます。

3 端から0.3cm内側をぬいつける。もう一方の本体は、いっしょにぬわないようによけておく。

4 テープの端のほどけてくる織り糸を手でほぐして切っておく。もう一方の本体にも同様にテープをつける。

5 入れ口の布端からぬいしろを3cm裏側に折る。

＊単位はcm

Point
ぬい始めとぬい終わりの返しぬいが目立たないよう、わきの位置からぬい始めます。

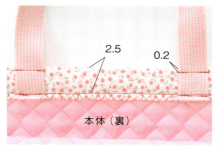

6 5で内側に折ったぬいしろをまち針でとめる。わきのぬいしろは割る。

7 入れ口から2.5cm内側を1周ぬう。ミシンでぬう少し手前を目打ちで押さえながらぬうと、ぬいやすい。

8 テープの部分は、入れ口から0.2cm内側もぬう。

ワッペンをつける

1 好みの位置にワッペンをおき、余り布などをあて布にしてワッペンの上に重ねる。

2 中温のドライアイロンでしっかり押さえてワッペンを接着する。このとき、アイロンを動かさないようにする。

3 アイロンの熱が布から抜けるまで、動かさないようにする。

でき上がり

A3サイズが入る大きさです。

memo

中表と外表

作り方ページによく出てくる言葉で、布の合わせ方を表します。

中表に合わせる
布の表と表が内側になるように合わせること。

外表に合わせる
布の表と表が外側になるように合わせること。

●シューズ袋の作り方

ぬい合わせる前に布の周囲にジグザグミシンをかけて、ほつれないようにします。
ぬい始めとぬい終わりは、返しぬいをします（ジグザグミシンはp.11ポイントを参照）。

> **Point**
> 角のぬい方は11ページを参照しましょう。

袋を作る

1 本体2枚のまわりに、それぞれジグザグミシンをかける。

2 本体2枚を中表に合わせて、まわりをまち針でとめる。まず四隅をとめてから、その間にとめていく。

3 布端から1cm内側を、わき、底、わきの順にぬう。

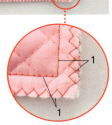

まちをぬう　まち…袋の底の厚みになる部分

1 底の角を中央にして、本体をつまんで左右に広げる。

2 ぬいしろを割って、底のぬい目とわきのぬい目を合わせて、まち針でとめる。

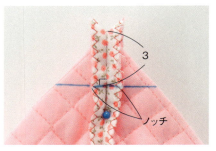

3 角から3cmのノッチの位置に、チャコペンでぬい目と垂直にまちの印をつける。

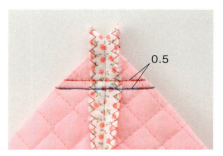

4 チャコペンで印をつけた位置をぬう。さらに印から0.5cm外側（角側）をぬう。

5 4のぬい目から0.5cm残して外側をカットする。

6 布端にジグザグミシンをかける。もう一方の角も同様にまちをぬい、表に返す。

＊単位はcm

持ち手をつける

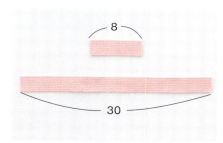

1 テープを30cmと8cmにカットする。

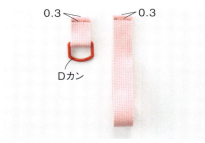

2 テープをそれぞれ二つ折りにする。8cmのほうにはDカンを通し、テープの端から0.3cm内側をぬう。

3 持ち手つけ位置のノッチに、Dカンのついたテープの端を合わせて、まち針でとめる。

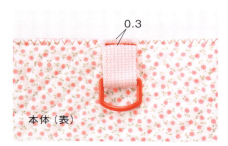

4 端から0.3cm内側をぬいつける。もう一方の本体は、いっしょにぬわないようによけておく。

5 もう一方の本体の持ち手つけ位置のノッチに合わせ、30cmのテープをまち針でとめる。

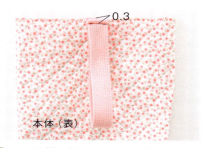

6 4と同様に端から0.3cm内側をぬいつける。

7 テープの端の織り糸を手でほぐして（→p.12の「持ち手をつける」4）切り、入れ口の布端からぬいしろを3cm裏側に折る。

8 7で折ったぬいしろをまち針でとめる。

9 入れ口から2.5cm内側を1周ぬう（→p.13の7）。

10 テープの部分は、入れ口から0.3cm内側もぬう。

ワッペンをつける

好みの位置にワッペンをつける（→p.13の「ワッペンをつける」）。

でき上がり

15

p.8-9

体操服袋

材料 1点分

布…普通地 100×50cm
その他…太さ約0.6cmのひも160cm、好みでアイロン接着ワッペン

布を裁つ

裁ち方図 単位はcm。( )内はぬいしろ。指定以外は1cm
― は裁断後にノッチ(切り込みの印→p.5)を入れる

切って使える
実物大型紙
⑦ ⑨
を使用

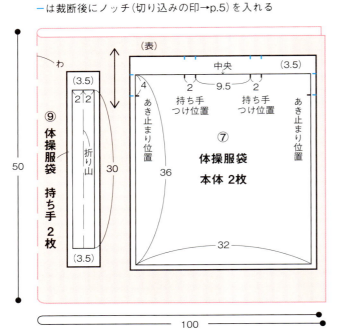

袋を作る
ぬい始めとぬい終わりは、返しぬいをします。

1 本体2枚の両わきにジグザグミシンをかける。

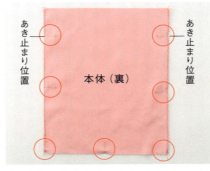

2 本体2枚を中表に合わせ(→p.13)、まわりをまち針でとめる。まずあき止まり位置をとめ、底の両隅、その間にまち針をとめていく。

Point
ノッチを入れたあき止まり位置から、返しぬいをしてぬい始めます。

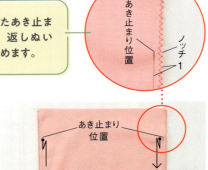

3 布端から1cm内側を、あき止まり位置からわき、底、わきの順に、もう一方のあき止まり位置までぬう。底に2枚いっしょにジグザグミシンをかける。角のぬい方はp.11参照。

＊単位はcm。わかりやすいよう、目立つ色の糸でぬっています。

4 ぬい目に沿ってぬいしろをアイロンで折る。

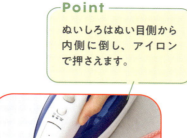

Point
ぬいしろはぬい目側から内側に倒し、アイロンで押さえます。

5 角のぬいしろを指で押さえながら表に返す（→p.12の「袋を作る」4〜6）。

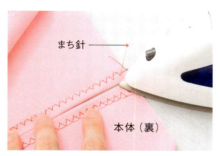

6 あきのぬいしろをアイロンで割る。ぬいしろをアイロン台にまち針でとめておくとアイロンがかけやすい。

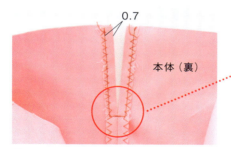

7 あきのまわりをぬう。もう一方のあきも同様にぬう。

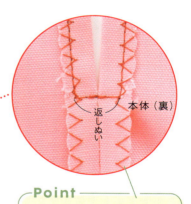

Point
あき止まり位置には、補強の返しぬいをしておきます。

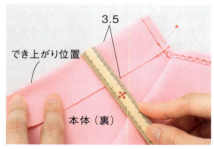

8 入れ口を三つ折りにする。まず、布端から3.5cm（でき上がり位置）裏側に折る。

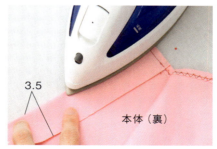

9 折り山をアイロンで押さえる。

10 折り目を一度開き、布端から1cm裏側に折る。

次ページに続く

持ち手をつける

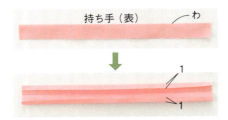

1 持ち手を表が外側にくるようにアイロンで二つ折りにし、折り目を一度開いて両端を1cm折る。

2 中央の折り目で折って四つ折りにし、まち針でとめる。

> **Point**
> 布端から0.2cm内側に針を下ろし、押さえ金のどの位置に布端がくるのか確認。その位置に布端を合わせながらぬうと、まっすぐぬえます。

3 持ち手の端から0.2cm内側をぬう。同様にもう1本作る。

4 表側の持ち手つけ位置のノッチに持ち手の端を合わせて、まち針でとめる。持ち手のわが内側になるようにする。

> **Point**
> 布を裁つときに入れた持ち手つけ位置のノッチに持ち手を合わせます。

5 端から0.7cm内側をぬいつける。もう一方の本体は、いっしょにぬわないようによけておく。

6 もう一方の本体にも同様に持ち手をつけ、再び折り目に沿って三つ折りにし、まち針でとめる。

7 入れ口から2.3cm内側をぬう。

8 持ち手を上げて、入れ口から0.2cm内側をぬう。もう一方の持ち手も同様にぬう。

＊単位はcm

ひもを通す

1 ひもを80cmに2本カットする。

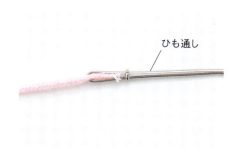

2 ひも通しで端をはさむ。

3 ひも通し口から通す。

4 1周通し、ひもの両端を結ぶ。

5 通したひものわになったほうから、もう1本のひもを通す。

6 ひもの両端を結ぶ。

ワッペンをつける

好みの位置にワッペンをつける（→p.13の「ワッペンをつける」）。

でき上がり

memo
ひも通しは、安全ピンで代用可

ひも通しがなければ、ひもの先に安全ピンをつけて通すこともできる。ひも通し穴に通る大きさの安全ピンを使う。

Part 2 基本のレッスンバッグ・シューズ袋・体操服袋

普通地を使って

体操服袋 1枚仕立て

レッスンバッグ 2枚仕立て

シューズ袋 2枚仕立て

普通地を使うなら、キルティング地ほど強度がないので、レッスンバッグとシューズ袋は、表袋に底布をつけ、裏袋を重ねた「2枚仕立て」にするのがおすすめ。布端の始末が不要なので意外と簡単で、ぬいしろも見えません。体操服袋は、入れ口をしっかりしぼれる「1枚仕立て」で底布をつけます。

作り方／p.22

Fabric Variation

シューズ袋

体操服袋

レッスンバッグ

初心者には布の柄に上下がないものが裁断に悩まずおすすめです。

底布と同じ色の無地を裏袋にしました。2枚仕立ては強度が高いうえ、ぬいしろが見えず袋の中がすっきりしています。

体操服袋

レッスンバッグ

底布やひもの色は、本体の柄にある濃い色から選ぶとバランスよくまとまります。

シューズ袋

21

p.21

レッスンバッグ（2枚仕立て）→作り方は p.23
シューズ袋（2枚仕立て）→作り方は p.27
体操服袋（1枚仕立て）→作り方は p.30

材料 1セット分

布…普通地（表布用）110×120cm、普通地（裏布・底布用）110×110cm
その他…内径2.5cmのDカン1個、太さ約0.6cmのひも160cm

布を裁つ

プリント地と無地の2種類の布を裁ちます。底布つけ位置などのノッチも忘れずに切り込みを入れましょう。

切って使える実物大型紙
[レッスンバッグ] ①②③
[シューズ袋] ④⑤⑥⑬
[体操服袋] ⑦⑧⑩
を使用

裁ち方図 単位はcm。（ ）内はぬいしろ。指定以外は1cm
— は裁断後にノッチ（切り込みの印→p.5）を入れる

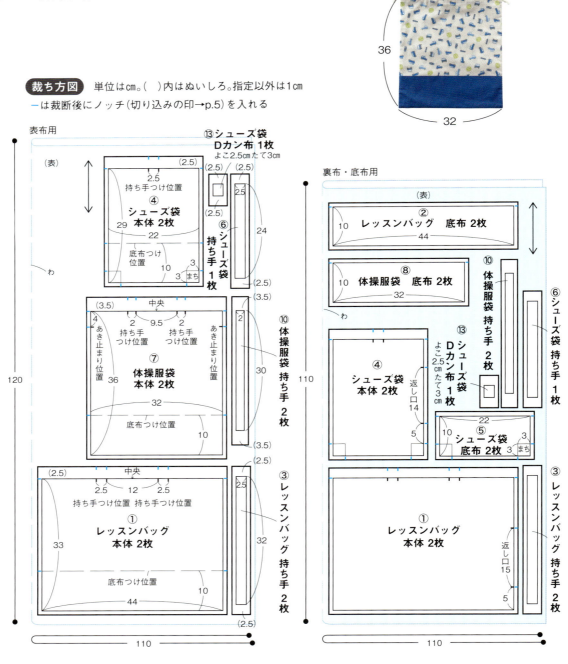

●レッスンバッグの作り方

＊単位はcm。わかりやすいよう、目立つ色の糸でぬっています。

底布を表布本体のノッチに合わせてぬいつけます。
ぬい始めとぬい終わりは、返しぬいをします。

底布をつける

Point
底布は、折った側が上になるよう、表布本体に重ねます。

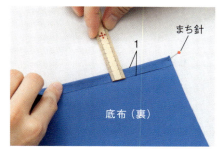

1 底布の上端からぬいしろを1cm裏側に折る。端にまち針をさしておくとアイロンがかけやすい。

2 折り山をアイロンで押さえる。

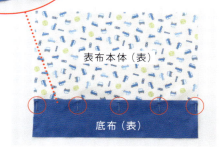

3 表布本体の底布つけ位置のノッチに底布を合わせて、まち針でとめる。

表袋を作る

4 底布の上端をぬって表布本体にぬいつける。1〜4と同じ要領でもう1枚作る。

1 底布をぬいつけた2枚の表布本体を中表に合わせる（→p.13）。

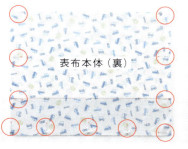

2 まわりをまち針でとめる。まず四隅をとめてから、その間にまち針をとめていく。

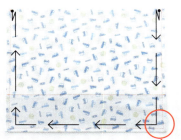

3 布端から1cm内側を、わき、底、わきの順にぬう。角のぬい方はp.11参照。

4 ぬい目に沿って、ぬいしろをアイロンで折る。角のわきと底のぬいしろどうしを、手ぬいでぬいとめておく。こうすると表に返したときに角がきれいに出る。

5 表に返す。これが表袋になる。

次ページに続く

裏袋を作る

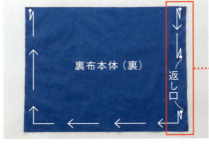

Point ノッチを入れた返し口位置までぬい、返しぬいをして糸を切ります。返し口をぬい残して次のノッチから、返しぬいをし、続きをぬいます。

1 裏布本体2枚を中表に合わせて、まわりをまち針でとめる。まず四隅をとめてから、その間にとめていく。返し口のノッチの位置にもとめる。

2 布端から1cm内側をわき、底、わきの順にぬう。返し口は、ぬい残す。

3 ぬい目に沿ってぬいしろをアイロンで折り、角のぬいしろどうしを、手ぬいでぬいとめる。これが裏袋になる。裏袋は表に返さないでおく。

持ち手を作る

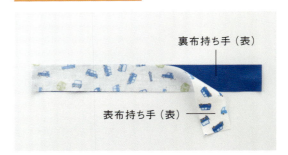

1 表布持ち手と裏布持ち手を中表に合わせる。

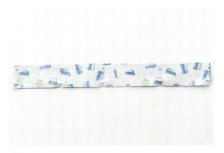
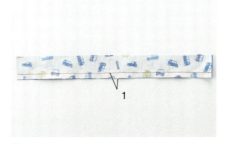

2 長いほうの1辺をまち針でとめる。

3 ぬい始めとぬい終わりに返しぬいをし、布端から1cm内側をぬう。

4 ぬいしろをアイロンで割る。

＊単位はcm

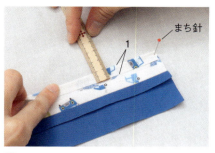

まち針
裏布持ち手（裏）
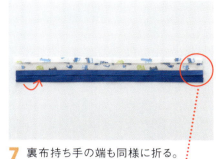

5 表布持ち手の端からぬいしろを1cm裏側に折る。端にまち針をさしておくとアイロンがかけやすい。

6 折り山をアイロンで押さえる。

7 裏布持ち手の端も同様に折る。

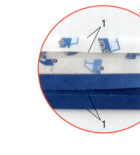

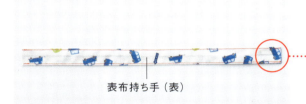
表布持ち手（表）

8 ぬい目に沿って外表（→p.13）に折り、両端の0.2cm内側をぬう。同様にもう1本作る。

持ち手をつける

表袋（表）

ノッチ

Point
持ち手つけ位置のノッチに持ち手を合わせます。

1 表袋の表に、裏布持ち手が上になるように合わせて、まち針でとめる。

2 端から1cm内側をぬいつける。もう一方の本体は、いっしょにぬわないようによけておく。もう一方の本体にも同様に持ち手をつける。

表袋と裏袋をぬい合わせる

表袋（表）
裏袋（裏）

1 裏袋に、表袋を入れる。

次ページに続く　25

Point
両わきで表袋と裏袋のぬいしろが重ならないように向きを交互にします。

2 表袋と裏袋の入れ口の端を合わせ、まち針でとめる。

3 入れ口の端から2.5cm内側を1周ぬう。

Point
ぬう位置より少し手前を目打ちで押さえて進めると、ぬいやすくなります。

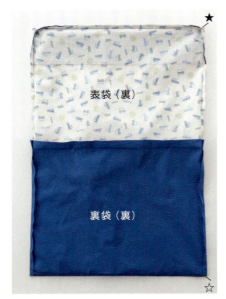

4 裏袋から表袋を出す。

5 入れ口の位置で二つ折りにする。

6 表袋（★）と裏袋（☆）の底の角を突き合わせて、ぬいしろを手ぬいでぬいとめる。もう一方の角も同様にぬいとめる。

7 裏袋の返し口に手を入れる。

8 返し口から表袋を引き出す。

9 全部を引き出し終わり、表袋と裏袋を表に返したところ。

＊単位はcm

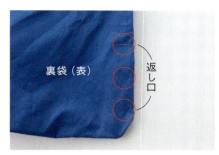

10 返し口のぬいしろを内側に折って、まち針でとめる。

11 端から0.1cm内側をぬい、返し口をとじる。

12 表袋が表になるように返し、角のぬいしろを目打ちで引き出してととのえる。

13 入れ口をアイロンで押さえて、ととのえる。

14 入れ口の端から0.2cm内側を1周ぬう。さらに端から2.5cm内側も1周ぬう。

でき上がり

●シューズ袋の作り方

レッスンバッグと同様に表袋と裏袋を作りますが、底にはまちを作ります。
ぬい始めとぬい終わりは、返しぬいをします。

底布をつける

p.23の「底布をつける」**1**～**4**と同様に、底布を表布本体2枚それぞれにぬいつける。

表袋を作る

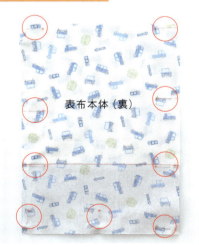

1 底布をぬいつけた2枚の表布本体を中表に合わせ、まわりをまち針でとめる。まず四隅をとめてから、その間にとめていく。

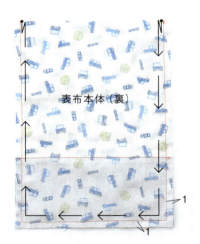

2 布端から1cm内側を、わき、底、わきの順にぬう。角のぬい方はp.11参照。

次ページに続く　27

まちをぬう

1 ぬい目に沿って、ぬいしろをアイロンで折る。

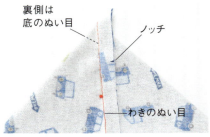

2 本体の底の角を中央にして写真のように広げ、底のぬい目とわきのぬい目を合わせて、まち針でとめる。

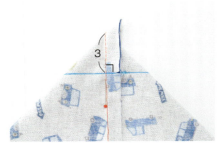

3 角から3cmのノッチの位置に、チャコペンでぬい目と垂直にまちの印をつける。

4 3でつけた印の上をぬう。もう一方の角も同様にまちをぬう。ぬい目に沿って、ぬいしろをアイロンで底側に折り、表に返す。

裏袋を作る

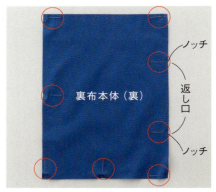

1 裏布本体2枚を中表に合わせて、まわりをまち針でとめる。まず四隅をとめてから、その間にとめていく。返し口のノッチの位置にもとめる。

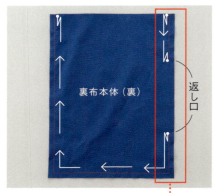

2 布端から1cm内側を、わき、底、わきの順にぬう。返し口は、ぬい残す。

Point
ノッチを入れた返し口位置までぬい、返しぬいをして糸を切ります。返し口をぬい残して次のノッチから、返しぬいをし、続きをぬいます。

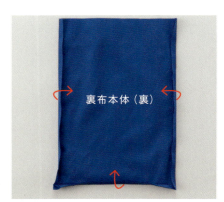

3 ぬい目に沿って、ぬいしろをアイロンで折る。

4 表布本体と同様（上記「まちをぬう」）に、裏布本体のまちをぬい、ぬいしろを底側に折る。これが裏袋になる。裏袋は表に返さないでおく。

Dカン布と持ち手を作り、つける

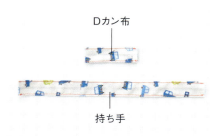

1 p.24、25の**1**〜**8**と同様に、Dカン布と持ち手をぬう。

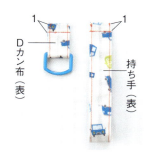

2 Dカン布、持ち手をそれぞれ二つ折りにする。Dカン布にはDカンを通してはさみ、端から1cm内側をぬう。

3 持ち手つけ位置のノッチにDカン布を合わせて、まち針でとめる（こちらを前側とする）。

4 端から1.2cm内側をぬいつける。もう一方の本体は、いっしょにぬわないようによけておく。

5 もう一方の本体に持ち手を、持ち手つけ位置のノッチに合わせて、まち針でとめる。

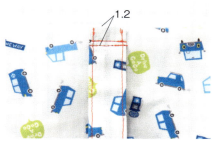

6 Dカン布と同様に、1.2cm内側で持ち手を本体にぬいつける。

表袋と裏袋をぬい合わせる

1 裏袋に、表袋を入れる。

Point 両わきで表袋と裏袋のぬいしろが重ならないように向きを交互にします。

2 表袋と裏袋の入れ口の端を合わせ、まち針でとめる。

3 入れ口の端から2.5cm内側をぬう。

*単位はcm

次ページに続く

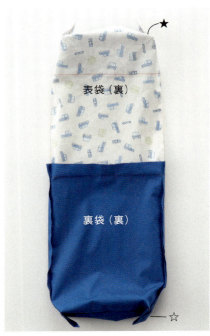

4 裏袋から表袋を出す。

5 表袋と裏袋のまちを合わせる。

7 もう一方のまちも同様にぬいとめる。

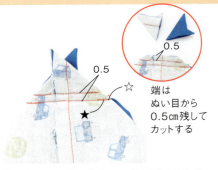

6 まちのぬい目から0.5cm外側（角側）をぬって、まちをぬいとめる。

端はぬい目から0.5cm残してカットする

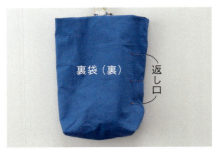

8 p.26の**7〜9**と同様に表袋を引き出し、返し口のぬいしろを内側に折って、まち針でとめる。

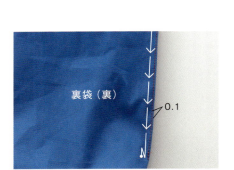

9 端から0.1cm内側をぬい、返し口をとじる。

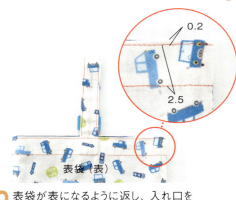

10 表袋が表になるように返し、入れ口をアイロンでととのえて、入れ口の端から0.2cm内側を1周ぬう。さらに端から2.5cm内側も1周ぬう。

でき上がり

●体操服袋の作り方

本体に底布をぬいつけて、持ち手を作り、あとはp.16〜19の体操服袋と同じ作り方です。

1 p.23の「底布をつける」**1〜4**と同様に、底布を本体にぬいつける。

2 p.24、25の「持ち手をつくる」**1〜8**と同様に持ち手を2本ぬう。そのあとの作り方は、p.16〜19参照。

でき上がり

ちょこっとひと工夫！

好みの大きさで作れる！
巾着のサイズ調整術

さまざまな用途で使える巾着。入れるものに合わせたサイズで作る方法を覚えておくと、子ども用に限らず、家族みんなの生活シーンに合わせて活用できます。ここでは、お泊まり保育や旅行に便利な「お着替え袋」を例にサイズ調整の方法を紹介します。

手順1
入れるものを採寸します

実際に袋に入れるものを用意して重ね、よこ(a)、たて(b)をぐるりと1周分測ります。
[ ]内は例

手順2
型紙を作ります

aとbのそれぞれを2で割り、ゆとり分として、5cm加えた寸法をでき上がりサイズとして、ハトロン紙（→p.2）などに型紙を描きます。その周囲に下図を参照して、ぬいしろ分を加えて線を描きます。あき止まり位置も必ず書き入れましょう。

例） aが50cmの場合　50÷2＋5＝30cm（幅）
　　bが60cmの場合　60÷2＋5＝35cm（深さ）

型紙のサイズ　単位はcm。( )内はぬいしろ
―は裁断後にノッチ（切り込みの印→p.5）を入れる

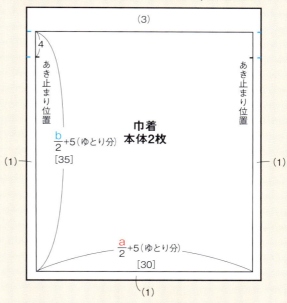

手順3
必要なひもの長さを計算します

巾着には、ひもを片側から1本、または両側から2本通します。好みのタイプを選び、下図を見ながら、必要なひもの長さを計算します。

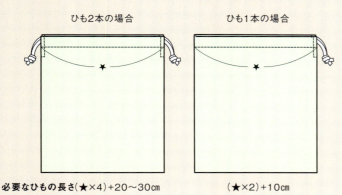

※ひもを通す「あき」は、ひもを1本通す場合は片側に1カ所、2本通す場合は両側に2カ所必要です。あき止まり位置は、太さ0.6cm程度のひもを通す想定です。通すひもの太さに合わせて調整しましょう。

31

Part 3 ランチ3点セット

お弁当袋とコップ袋は、子どもが入れ口を楽に開閉できる巾着に。まちの幅を広くしたので出し入れもスムーズ。ランチョンマットは、2枚合わせてぬうのでぬいしろの始末がいらず楽にぬえて、裏も表も使えます。

コップ袋

お弁当袋

ランチョンマット

Fabric Variation

ランチタイムが楽しみになるよう子どもが好きなアイテムの柄に。

コップ袋　お弁当袋

ランチョンマット

コップ袋　お弁当袋

ランチョンマット

小さな子どもに作るときは、食べこぼしが目立たない色や柄で作るのもおすすめ。子どもも気にせず食べられます。

お弁当袋 →作り方は p.34
コップ袋 →作り方は p.36
ランチョンマット →作り方は p.38

材料 1セット分

布…普通地 100×60cm
その他…太さ約0.6cmのひも 160cm

布を裁つ

切って使える実物大型紙
［お弁当袋］⑪
［コップ袋］⑫
を使用

※ランチョンマットは、型紙を作る

*単位はcm。

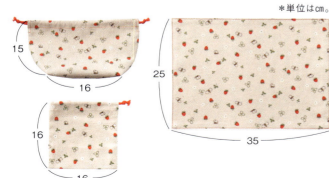

裁ち方図　( )内はぬいしろ。指定以外は1cm
— は裁断後にノッチ(切り込みの印→p.5)を入れる

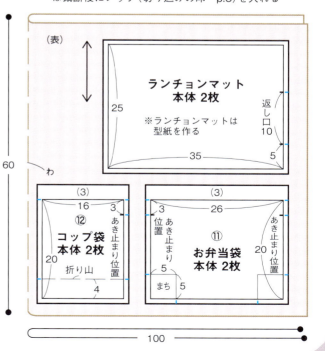

次ページに続く　33

●お弁当袋の作り方

底の部分が広いお弁当袋は、まちのぬいしろをそのまま、底のぬいしろにとめて、補強にします。
ぬい始めとぬい終わりは、返しぬいをします（ジグザグミシンはp.11 ポイントを参照）。

袋を作る

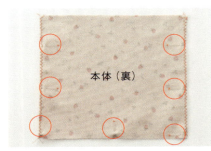

1 本体2枚それぞれの両わきにジグザグミシンをかける。中表に合わせ（→p.13）、まわりをまち針でとめる。まずあき止まり位置をとめ、底の両隅、その間にまち針をとめていく。

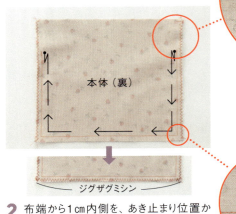

2 布端から1cm内側を、あき止まり位置からわき、底、わきの順に、もう一方のあき止まり位置までぬう。底に2枚いっしょにジグザグミシンをかける。角のぬい方はp.11参照。

Point
ノッチを入れたあき止まり位置から、返しぬいをしてぬい始めます。

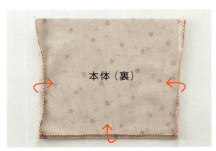

3 ぬい目に沿って、ぬいしろをアイロンで折る。

まちをぬう

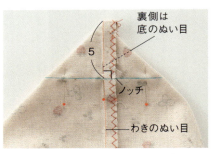

1 本体を底の角を中央にして写真のように広げ、底とわきのぬい目を合わせる。中央、両側の順で、まち針をとめる。角から5cmのノッチの位置に、チャコペンでぬい目と垂直にまちの印をつける。

2 1でつけた印の上をぬう。もう一方の角も同様にまちをぬう。

3 ぬい目に沿って、ぬいしろをアイロンで底側に折る。

4 角のぬいしろを底のぬいしろに、手ぬいでぬいとめる。もう一方の角も同様にぬいとめる。

5 角のぬいしろを底のぬいしろにぬいつけたところ。

入れ口をぬう

＊単位はcm。わかりやすいよう、目立つ色の糸でぬっています。

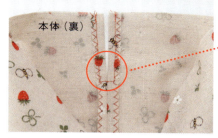

6 表に返す。まちができたところ。

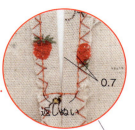

1 あきのぬいしろを、アイロンで割る。あきのまわりをぬう。もう一方のあきも同様にぬう。

Point
あき止まり位置には、補強の返しぬいをしておきます。

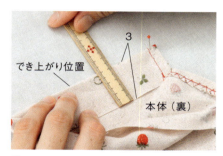

2 入れ口を三つ折りにする。端から3cm（でき上がり位置）裏側に折る。

3 折り山をアイロンで押さえる。

4 折り目を一度開き、布端から1cm裏側に折る。

5 折り目に沿って三つ折りにし、まち針でとめる。

6 入れ口から1.8cm内側をぬう。

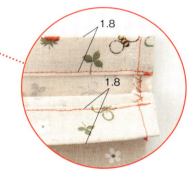

ひもを通す

1 ひもを60cmに2本カットする。

2 p.19の**2**〜**6**を参照し、ひもを通す。

でき上がり

35

●コップ袋の作り方

まちは底を折り上げて両わきをぬう、シンプルな作り方です。
ひもは、片方のあきから1本通します。
ぬい始めとぬい終わりは、返しぬいをします
（ジグザグミシンはp.11ポイントを参照）。

> **Point**
> ノッチを入れたあき止まり位置から、返しぬいをしてぬい始めます。

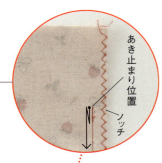

袋を作る

1 本体2枚それぞれの、あき止まり位置のあるわきにジグザグミシンをかける。

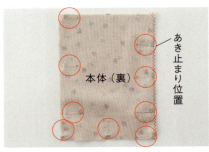

2 本体2枚を中表に合わせ、まわりをまち針でとめる。まずあき止まり位置をとめ、底の両隅、もう一方の上隅、その間にまち針をとめていく。

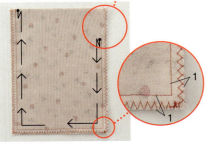

3 布端から1cm内側を、あき止まり位置からわき、底、わきの順にぬう。底と、1と反対側のわきは、2枚いっしょにジグザグミシンをかける。

まちを作る

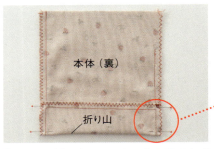
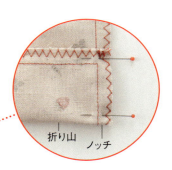

1 まちの折り山のノッチで底を折り上げて、まち針でとめる。

3 ぬい目に沿って、ぬいしろをアイロンで折る。

2 折り上げた部分の両わきを、ぬい目を重ねて布端から1cm内側でぬう。

4 表に返す。

底のまちを広げるとこのような形になる

＊単位はcm

入れ口をぬう

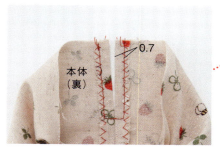
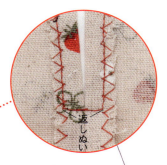

Point あき止まり位置には、補強の返しぬいをしておきます。

1 あきのぬいしろを、アイロンで割る。あきのまわりをぬう。

2 入れ口を三つ折りにする。布端から3cm（でき上がり位置）裏側に折る。

3 折り山をアイロンで押さえる。

4 折り目を一度開き、布端から1cm裏側に折る。

5 折り目に沿って三つ折りにし、まち針でとめる。

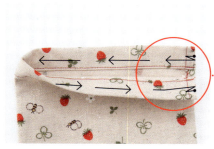
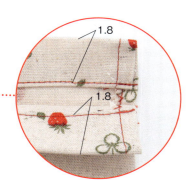

6 入れ口から1.8cm内側をぬう。

ひもを通す

ひもを40cmにカットし、p.19の2～4を参照し、ひも通しで通す。

でき上がり

37

●ランチョンマットの作り方

四角い布を合わせて返し口を残して1周ぬい、
表に返してまわりを1周ぬえば、でき上がり。
ぬい始めとぬい終わりは、返しぬいをします。

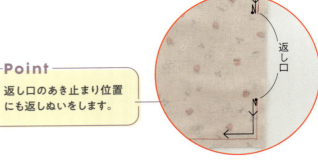

Point
返し口のあき止まり位置
にも返しぬいをします。

1　本体2枚を中表に合わせる。

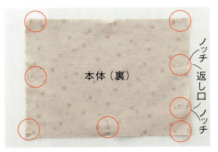

2　まわりをまち針でとめる。まず四隅をとめてから、その間にまち針をとめていく。返し口のノッチの位置にもとめる。

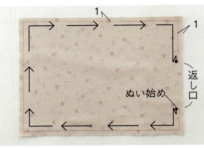

3　返し口を残し、布端から1cm内側をぬう。

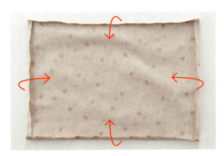

4　ぬいしろをぬい目に沿って、アイロンで折る。

5　返し口から右手を入れ、内側に折った角のぬいしろを折ったまま押さえる。

6　そのまま返し口から、表に返す。

7　ほかの角も同様に表に返す。

8　目打ちを使って角をととのえる。

9　返し口のぬいしろを内側に折って、まち針でとめる。

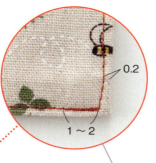

*単位はcm

でき上がり

10 端から0.2cm内側を1周ぬい、返し口もとじる。

Point 角からぬい始め、ぬい終わりはぬい始めに1〜2cm重ねてぬうと見た目がきれい。

ちょこっとひと工夫！ 余り布で作る ティッシュケース

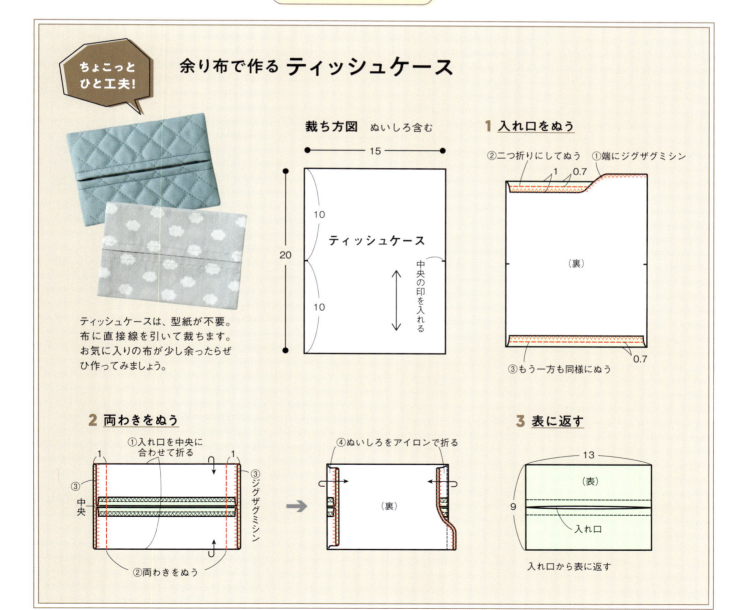

ティッシュケースは、型紙が不要。布に直接線を引いて裁ちます。お気に入りの布が少し余ったらぜひ作ってみましょう。

裁ち方図 ぬいしろ含む

1 入れ口をぬう

2 両わきをぬう

3 表に返す

入れ口から表に返す

39

*単位はcm

ちょこっとひと工夫!
好みの大きさで作れる!
お弁当袋のサイズ調整術

子どもの成長に応じて、お弁当箱も大きくなります。またお弁当箱の形によって袋を使い分けたい場合も。本書で紹介したお弁当袋は、写真のような子ども用お弁当箱と、デザートを入れる小さな容器が入るサイズです。これよりも大きなものを入れたい場合には、下記の手順（a、b、c）を参考にしてサイズを調整しましょう。大人用にも応用できます。

本書のお弁当袋に入るお弁当のサイズ

A、Bどちらかのお弁当箱と容器のセットが入ります。

A　お弁当箱：幅11.5cm、長さ15cm、高さ5cm
　　容器：幅7.5cm、長さ10.5cm、高さ3.5cm
B　お弁当箱：幅9cm、長さ14cm、高さ7cm
　　容器：幅7.5cm、長さ10.5cm、高さ3.5cm

手順1
お弁当箱のサイズを測ります

お弁当箱を用意し、写真のa、b、cの長さを測ります。いっしょに入れたい容器があるなら、お弁当箱の上に重ねてcを測ります。cはぐるりと1周分測りましょう。

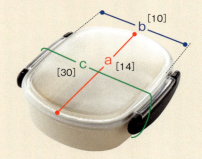

手順2
型紙を作ります

a、b、cの寸法から型紙を作ります。ハトロン紙（→p.2）などを用意し、右図を参照してでき上がり線を描き、その周囲に指定のぬいしろを加えて線を描きます。あき止まり位置も忘れずに。

作り方はp.33〜35を参照しましょう。

型紙のサイズ

（　）内はぬいしろ。指定以外は1cm
― は裁断後にノッチ（切り込みの印→p.5）を入れる

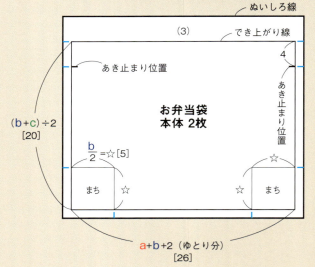

40

p.43 実物大型紙

ハトロン紙などに写して切り取り、型紙を作ります。
単位はcm

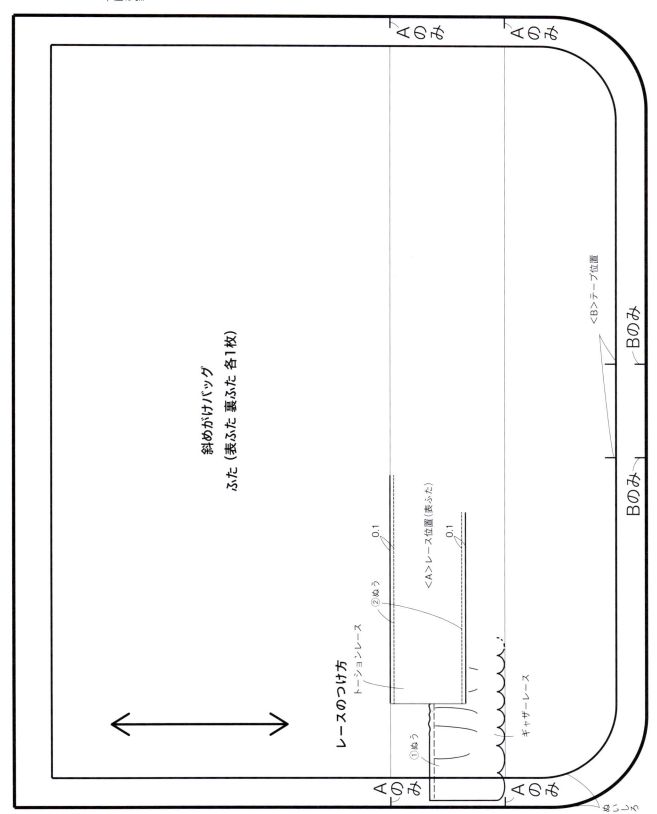

Part 4 いろいろなアイテムを作りましょう

ミシンぬいに慣れてきたら、小ものにチャレンジしてみましょう。
基本のテクニックはPart1～3の応用です。斜めがけバッグや、エプロンセット、ランドセルカバー、移動ポケットなどを紹介。
手作りなら色も柄も子どもの好みに合わせられ、うれしさも格別です。

普段使いにぴったりの 斜めがけバッグ

両手が使えて便利な斜めがけバッグ。丈夫な8号帆布やデニムを使い、ゲーム機や小さなおもちゃまで入るサイズにしました。普段のお出かけにぴったりです。肩ひもにはコキカンをつけたので、子どもの体に合わせて調整可能。ふたの裏には面ファスナーをつけ、子どもの力でも開閉できます。

面ファスナーを、ふたと本体で向きを変えてつけることで、子どもでもとめやすいよう工夫しました。

斜めがけバッグ

材料 各1点分

A
布…中厚地55×50cm（表袋布）、中厚地55×50cm（裏袋布）
その他…幅2.5cmのテープ150cm、内径2.5cmの角カンとコキカン1組、
幅2cmのトーションレース25cm、幅2cmのギャザーレース25cm、幅2.5cmの面ファスナー5cm

B
布…中厚地80×50cm
その他…幅2.5cmのテープ150cm、内径2.5cmの角カンとコキカン1組、幅2.5cmの面ファスナー5cm

裁ち方図 単位はcm。（ ）内はぬいしろ。指定以外は1cm
— は裁断後にノッチ（切り込みの印→p.5）を入れる

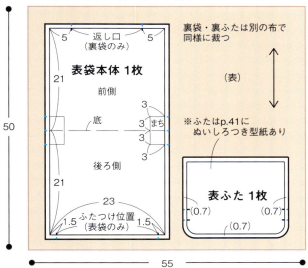
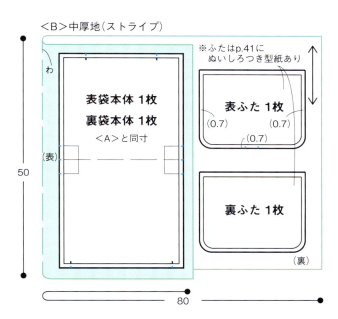

作り方

1 ふたを作る

43 次ページに続く

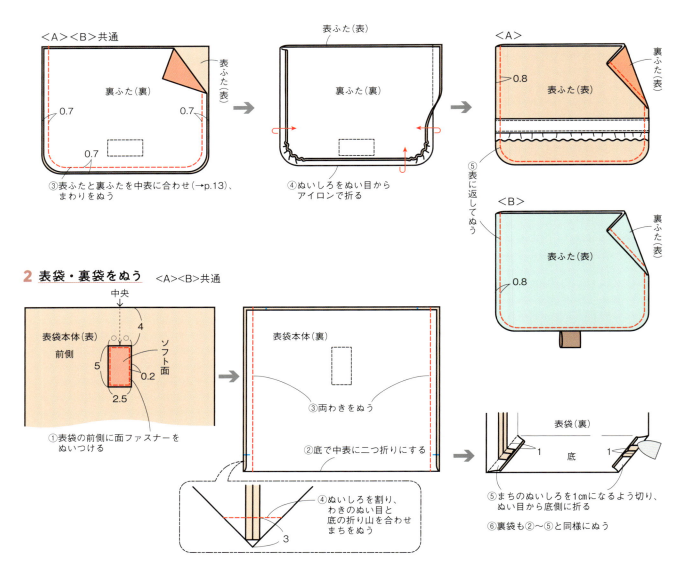

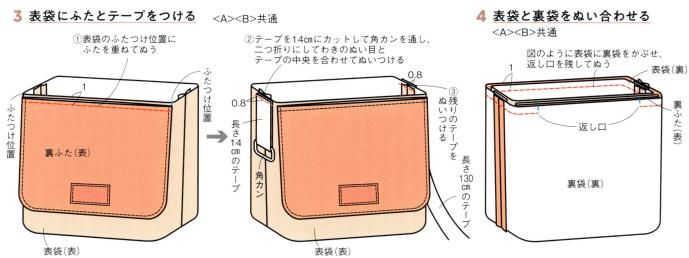

*単位はcm

5 返し口の始末をする　<A><B>共通

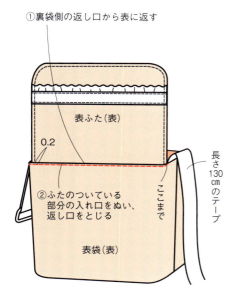

6 入れ口をぬう

Point Lesson

コキカンにテープを通す方法

角カンとコキカンというパーツを使うと長さが調節できます。
下の手順にそってテープを通してみましょう。

1 6の①の状態

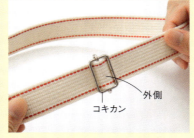

2 長いほうのテープに写真のようにコキカンを通す。中央あたりまでコキカンを移動する。

3 2のテープの端を角カンに通す。テープがねじれていないか確認する。

4 コキカンを通したテープの輪をひろげ、テープの端をコキカンの穴に内側から通す。

5 テープを折り返し、コキカンのもう一方の穴に内側から通す。

6 5のテープの先を5cm引き出しまち針でとめて、端から0.5cmと2cm内側をぬいとめる。

45

体操服袋をアレンジ
リュック

シンプルな巾着タイプのリュック。作り方は体操服袋の応用で、本体は体操服袋の型紙をそのまま使います。ひもの長さの調整もできて便利です。

リュック

材料 1点分

布…普通地 110×50cm
その他…太さ0.8cmのひも 320cm

切って使える
実物大型紙
⑦
を使用

裁ち方図 単位はcm

( )内はぬいしろ。指定以外は1cm
— は裁断後にノッチ(切り込みの印→p.5)を入れる

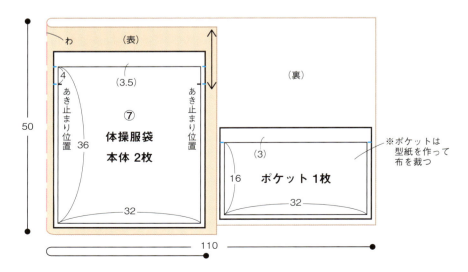

●作り方

1 ポケットをつける

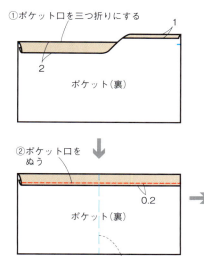
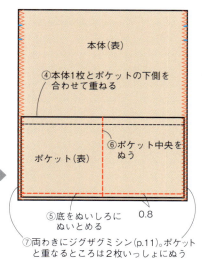

2 ループをつける

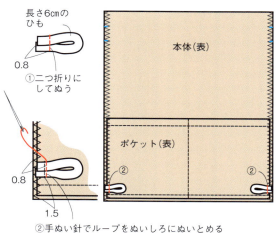

3 袋の底・両わきをぬう

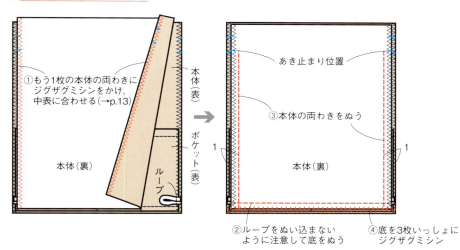

4 あきの始末をする

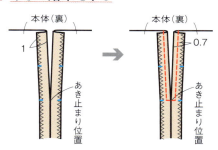

あきのぬいしろをアイロンで割る。
あきのまわりをぬう(→p.17の6、7)

5 入れ口をぬう

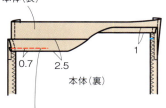

入れ口をそれぞれ三つ折りにしてぬう

6 ひもを通す

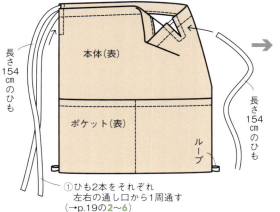
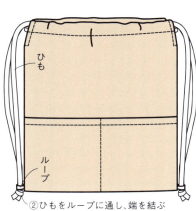

47

ポケットのない服に便利
移動ポケット

取り外しできるクリップをつけて、服のウエスト部分にはさんで使う移動ポケット。いろいろつけかえができるので、スカートやパンツに便利なアイテムです。ふたを開けるとティッシュケースと、ハンカチが入るポケットが1つ。服とコーディネートできる布で作るのもおすすめです。

ふたを開けると、ハンカチとティッシュが取り出せます。

48

移動ポケット

材料 各1個分

布…普通地［本体用］60×20cm、普通地［ティッシュケース・クリップ布用］30×20cm
その他…ポケットバッグ用クリップ2個

裁ち方図 単位はcm

ぬいしろはすべて1cm
— は裁断後にノッチ（切り込みの印→p.5）を入れる

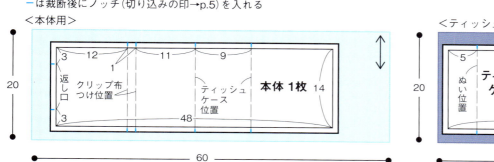
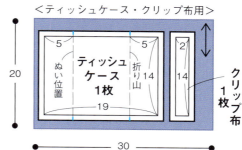

●作り方

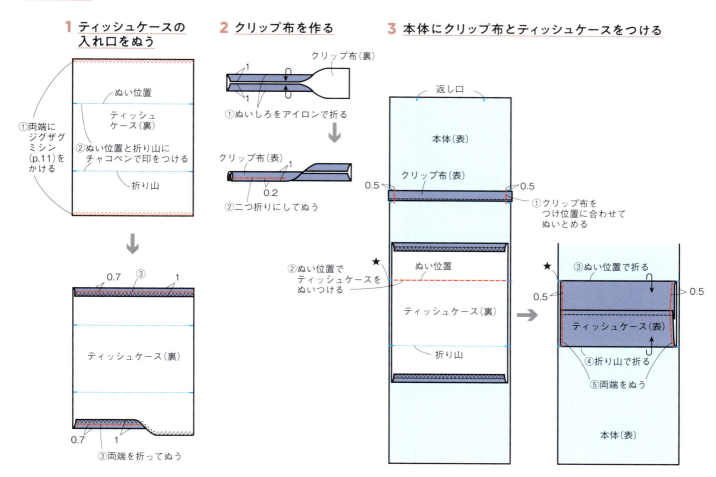

次ページに続く 49

＊単位はcm

4 本体を二つ折りにしてぬう

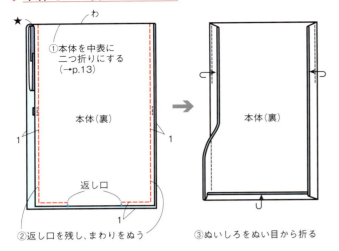

5 表に返し、返し口をとじる

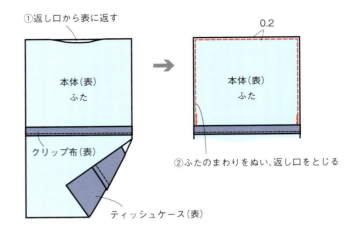

6 クリップ布をぬいとめる

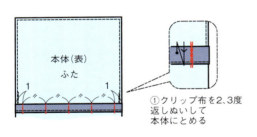

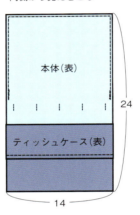

②クリップ布にクリップをつける
（→下記 Point Lesson 参照）

Point Lesson

ポケットバッグ用クリップのつけ方

穴に通してスナップをとめるだけで取りつけられます。
クリップは取り外しできるので、複数の移動ポケットに使えて便利。

1 クリップのスナップボタンのついたテープ部分を、ポケットにつけたクリップ布の両端に入れる。

2 スナップボタンをとめ合わせる。

3 クリップでスカートやパンツのウエスト部分をはさんで使う。

汚れや傷から守り、目印にも
ランドセルカバー

卒業まで大切に使いたいランドセルは、カバーをつけて汚れや傷からガードしましょう。水や汚れに強いラミネート加工の布を使うのがポイント。四角い布の端をバイアステープでくるんで、直線ぬいだけででき上がります。オリジナルのランドセルカバーなら、自分のランドセルを見つけやすいはず。ラミネート加工の布を家庭用ミシンでぬうコツは、作り方で紹介します。

作り方／p.52

レーステープをぬいつけるだけで可愛らしい。反射テープをつけてもよいでしょう。

カバー上部にはひもをつけて、ランドセルのフック部分に結べるようにしました。

p.51
ランドセルカバー

材料 1枚分

布…ラミネート加工の布 70×60cm
その他…幅1cmのふちどりタイプのナイロンバイアステープ160cm、幅1.5cmのレーステープ30cm（Cのみ）

裁ち方図 単位はcm。<A><B><C>共通
（ ）内はぬいしろ。指定以外は1cm

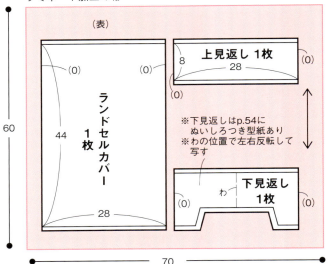

ラミネート加工の布をぬうコツ

加工は布の表側にほどこされているので、表からは、すべりが悪くぬいづらいもの。テフロン押さえ金を用意し、すべりがよくなるシリコン剤をミシンの針に塗っておくとスムーズにぬえる。

シリコン剤
ミシンの針や針板にぬると、すべりがよくなり、ラミネート加工の布がぬいやすくなる。

テフロン押さえ金
すべりがよくなり、ラミネート加工の布がスムーズに送れる押さえ金。手芸店などで購入可能。ミシンの機種に合うものを選ぶ。

ちょこっとひと工夫！

ランドセルに合わせて作れる！
ランドセルカバーのサイズ調整術

ランドセルは商品によって大きさが多少異なりますので、ふたは採寸してみて、掲載サイズと異なるときは、オリジナルの型紙を作りましょう。

手順1
左図の位置で、ふたのサイズを測ります

手順2
型紙を作ります

右図を参照してa、bの寸法から型紙を作ります。ハトロン紙（→p.2）などに線を描き、その周囲に指定のぬいしろを描き加えて型紙にします。

[ ]内は掲載ランドセルのサイズ

型紙のサイズ 単位はcm
実際のふたよりも数cm分大きめに作ります。

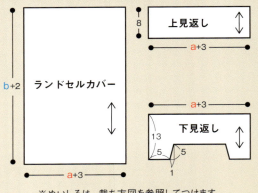

※ぬいしろは、裁ち方図を参照してつけます

●作り方

*単位はcm

1 ひもを作る

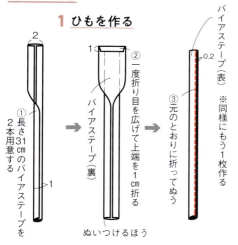

2 上見返しをぬう

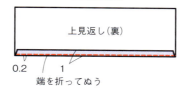

3 下見返しをぬう

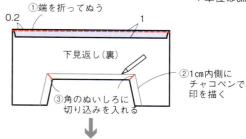

4 ひもをつける Cはレースもつける

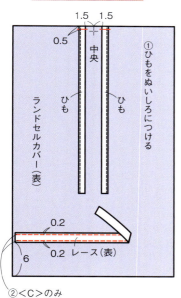

5 見返しをつける

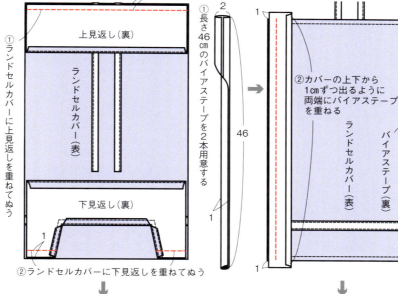

6 両端をバイアステープでくるむ

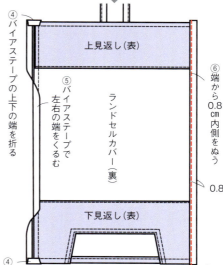

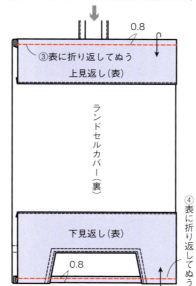

Point
ラミネート加工の布は針をさすと針穴が布に残るので、まち針はぬいしろ部分にとめ、ぬい間違えないよう気をつけましょう。

次ページに続く　53

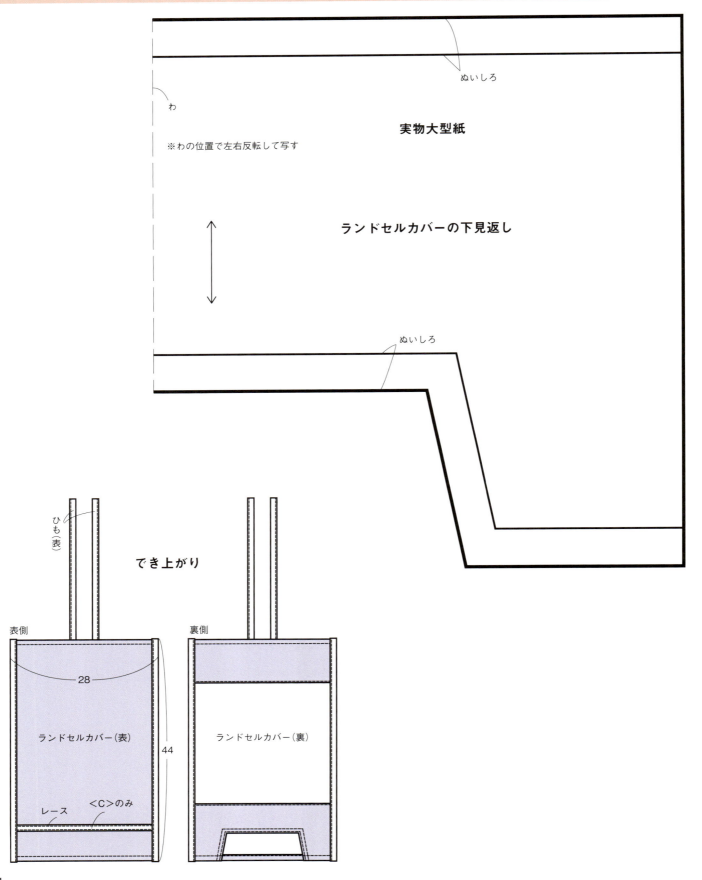

学期末の荷物もすっぽり収納
サブバッグ

学期末の持ち帰りの多い日に、持っておきたいサブバッグ。お道具箱が入る大きめサイズで、体操服袋、シューズ袋もいっしょに入ります。

作り方／p.56

どちらも折りたたんで、コンパクトになります。
※たたみ方はp.67

同じ作り方で、大人が使えるエコバッグに。サイズを少し小さくして、持ち手を長くしました。ちょっとした買い物に便利。

p.55
サブバッグ

材料 各1個分

布…ナイロン地　**A**110×65㎝、**B**110×65㎝
その他…幅2.5㎝の面ファスナー 10㎝

裁ち方図 単位は㎝
（　）内はぬいしろ。指定以外は1㎝
―は裁断後にノッチ（切り込みの印→p.5）を入れる

＜A＞

12　(3.5)

(3.5)　　　　　　　　　　　　　(3.5)

4　タブ
4　1枚

(3.5)　(3.5)

3.5　　　　　3.5

中央　11　50　**本体 1枚**　11　中央　**持ち手 1枚**　**持ち手 1枚**

65

3.5　　　　　3.5

36　　　4　4　　　36

3.53.5　3.53.5

(3.5)　(3.5)

40

110

＜B＞

12　(3.5)

4　タブ
4　1枚

(3.5)　　　　　　　　　　　　　(3.5)　(3.5)

(3.5)

3.5　　　　　3.5

中央　10　44　**本体 1枚**　10　中央　**持ち手 1枚**　**持ち手 1枚**

65

3.5　　　　　3.5

36　　　5　5　　　36

3.53.5　3.53.5

(3.5)　(3.5)

52

110

●作り方

＜A＞＜B＞共通

1 持ち手を作る

①二つ折りにしてぬう

持ち手（裏）

わ

②表に返す

0.2

0.2

（表）

③両端をぬう

2 タブを作る

①二つ折りにしてぬう

1

タブ（裏）

わ

②表に返す

0.2

タブ（表）

③ぬう

面ファスナー（ハード面）

④面ファスナー（ハード面）
をぬいつける

タブ（表）

0.75

0.5

面ファスナー
2.5㎝幅
×
2㎝

0.75

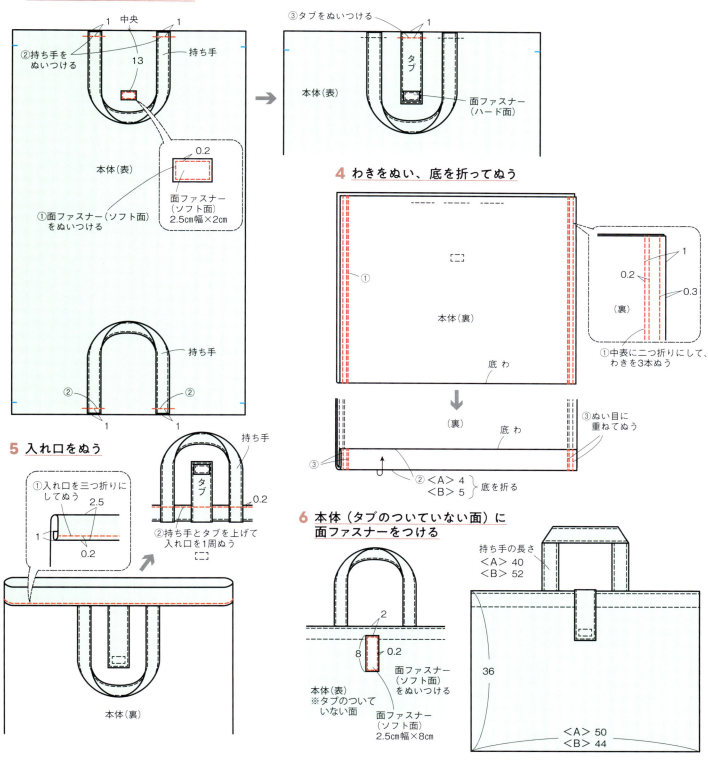

座布団として使える
防災ずきんカバー

二つ折りにした防災ずきんが入るカバーです。椅子で座布団として使い、必要なときにすぐにずきんが取り出せます。直線ぬいだけで作れるのでとても簡単。子どもの好きなワッペンをつけると喜ばれるだけでなく見わけやすいメリットが。

面ファスナーで開閉できるので、すぐに防災ずきんが取り出せます。

防災ずきんカバー

材料 1個分

布…キルティング地80×40cm
その他…幅2cmのゴムテープ37cm、幅2.5cmの面ファスナー5cmを2枚、約6×5cmのハートのワッペン、または約6×4cmの電車のワッペン

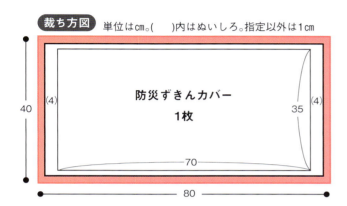

●作り方

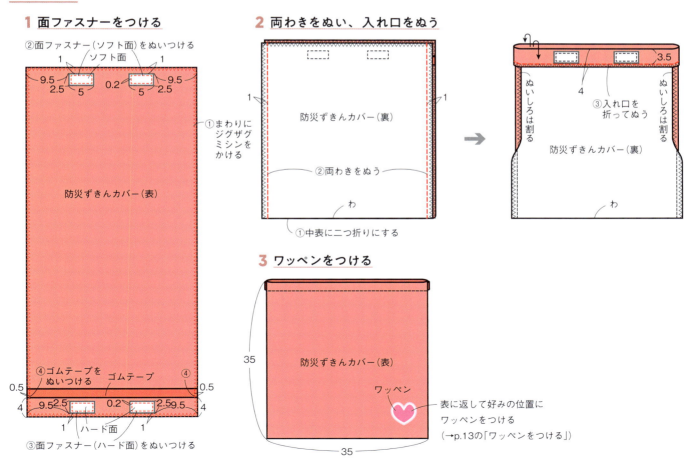

> クッキングのマストアイテム
> **エプロンセット**

幼稚園、保育園でクッキングをする時間は、子どもたちには一大イベント。できるだけ1人で着られるように、エプロンはゴムを入れたひもの部分に頭を入れるだけ。後ろはひもで結びます。三角巾は端を結ばないで、すっぽりかぶるタイプにしました。サイズは100・110cmと120・130cmの2サイズを紹介しています。

作り方／p.62

チェックは中央から左右対称になるように配置し、さらに上部の胸当てパーツと、下部のエプロンパーツのラインもそろうよう気をつけましょう。柄合わせをするなら布地は必要量より多めに購入するのがおすすめ。

大きめの柄であっても、バラバラな向きに並んでいると裁ちやすく布のムダもありません。

p.60-61

エプロンセット

材料 1セット分

布…普通地110×110cm
その他…幅2cmの綾テープ110cm、幅2cmのゴムテープ60cm、幅0.8cmのゴムテープ80cm
太さ約0.6cmのひも160cm

裁ち方図 単位はcm

( )内はぬいしろ。指定以外は1cm
—は裁断後にノッチ(切り込みの印→p.5)を入れる
赤字は100・110cmサイズ。緑字は120・130cmサイズ。黒字は共通

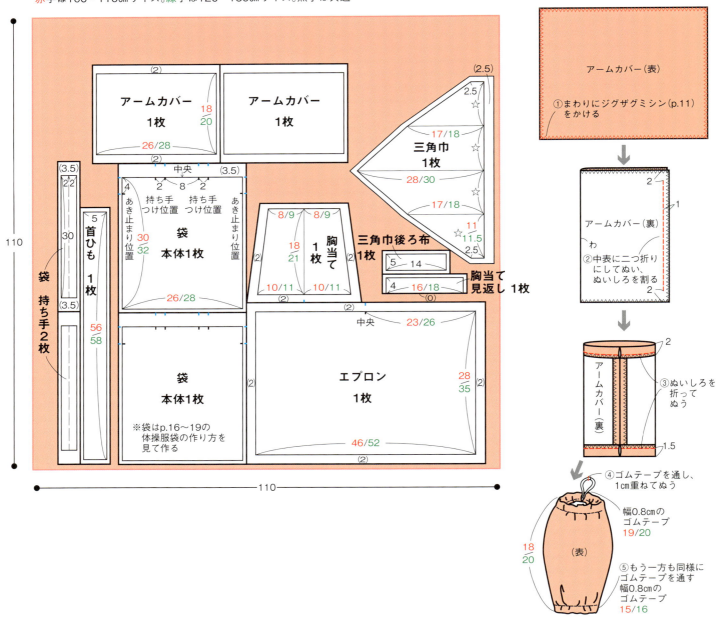

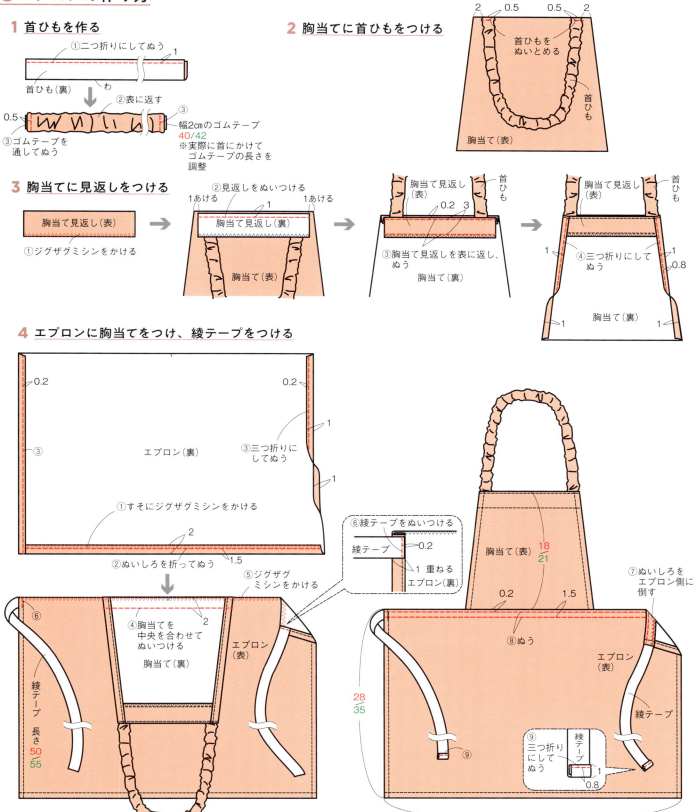

●三角巾の作り方

*単位はcm

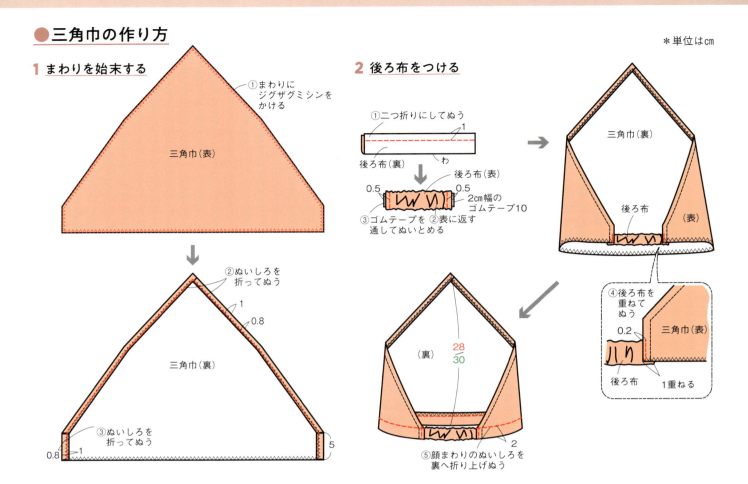

1 まわりを始末する
2 後ろ布をつける

> **ちょこっと ひと工夫!**
>
> ## ぶきっちょママでもOK!
> ## お名前つけアイデア
>
> 通園・通学グッズに自分の名前がついていると子どもは大切に使います。市販品に便利なアイテムもあるのでぜひ活用してみましょう。

●名前スタンプ

必要な文字をゴムシートから手で切りはなし、スタンプホルダーにはめ込むだけで、オリジナルスタンプが作れる便利なグッズ。文字は、タテ書きもヨコ書きもOK。

おなまえスタンプ
大・小文字セット

●名前テープ

アイロン、針が不要のシールタイプのネームタグです。名前を書いたりスタンプを押したら、好みの長さにカットしてはるだけ。ひんぱんに洗濯するものは、周囲をぬいとめておきましょう。

なまえテープ
シールタイプ

使い方／名前テープにスタンプで名前を押し、テープをカットして、好みの位置にはる。

針もアイロンも不要!

プリーツタイプ　　　フラットタイプ

Sサイズ

Mサイズ

Lサイズ

何枚も作っておきたい
マスク

プリーツとフラットの2タイプ、3サイズのガーゼのマスクをご紹介。洗い替えができるよう、色違い、柄違いで何枚も作っておきたいアイテムです。

作り方／p.66

表に好きなスタンプを押すと、子どもにもマスクの表と裏がわかりやすくなります。スタンプインクは洗濯しても色落ちしにくい、布用のものを使います。

マスク

p.65

材料 1枚分

<プリーツタイプ>
布…ダブルガーゼ40×20cm
その他…直径0.3cmの丸ゴム25〜30cm×2本

<フラットタイプ>
布…ダブルガーゼ35×15cm
その他…直径0.3cmの丸ゴム25〜30cm×2本

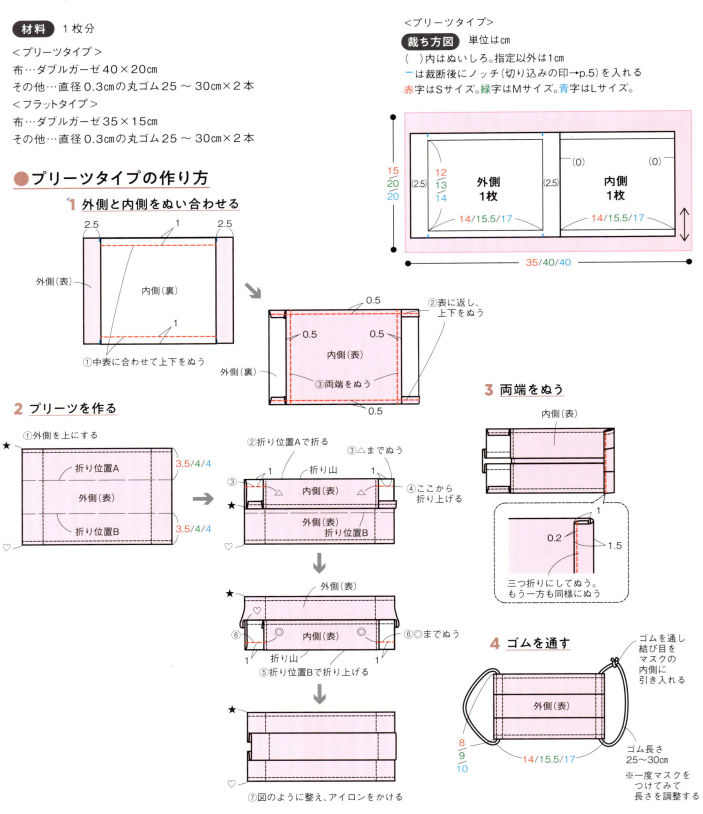

<フラットタイプ>

裁ち方図 単位はcm

( )内はぬいしろ。指定以外は1cm
— は裁断後にノッチ(切り込みの印→p.5)を入れる
赤字はSサイズ。緑字はMサイズ。青字はLサイズ。

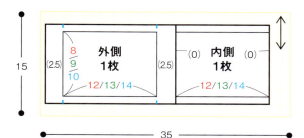

● フラットタイプの作り方

1 外側と内側をぬい合わせる

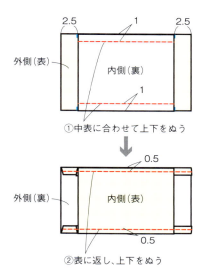

2 両端をぬう　　**3 ゴムを通す**

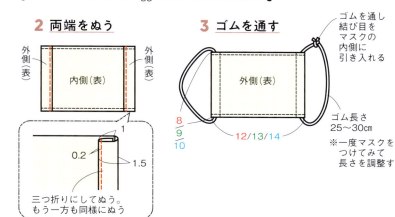

---

p.55
サブバッグのたたみ方

折りたたんで中央のタブの面ファスナーでとめてコンパクトになります。

1 持ち手を内側に折る。

2 本体の両わきを持ち手の位置で内側に折る。

3 本体を二つ折りにする。

4 本体をもう一度二つ折りにする。

5 タブをとめる。

ミニ巾着つき プールバッグ

子どもの夏の必需品、プールバッグを作りましょう。軽くて、ぬれてもすぐ乾く薄手のナイロン地を使用。外側につけた大きめのポケットには、ハンカチなどのぬらしたくない小ものを収納できます。おそろいの布でミニ巾着をプラス。袋の中で迷子になりやすい、ゴーグルなどを入れましょう。太めのひもを持ち手に使うと、持ちやすくデザインのポイントにも。

プールバッグ

材料 1セット分

布…撥水加工のナイロン地80×100cm
その他…太さ0.8cmのひも160cm、太さ0.6cmのひも30cm、コードストッパー1個

Point
撥水加工のナイロン地は、ほつれにくいので、ジグザグミシンをかけなくてもOK。袋の中のぬいしろをすっきりと仕上げるため、ぬいしろを2枚いっしょにぬっておきます。
アイロンは低温でかけます。

裁ち方図 単位はcm

( )内はぬいしろ。指定以外は1cm

— は裁断後にノッチ(切り込みの印→p.5)を入れる

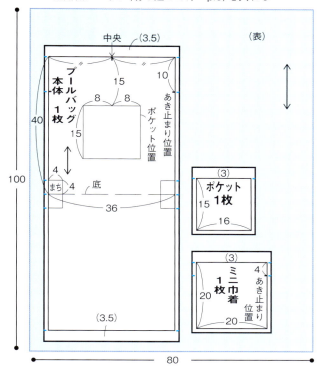

●作り方

1 ポケット位置に印をつける

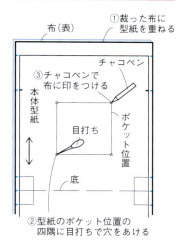

2 ポケットをつける

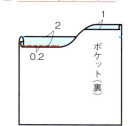

① ポケット口を三つ折りにしてぬう(→p.17の **8～10**)

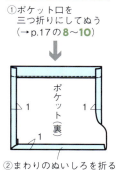

② まわりのぬいしろを折る

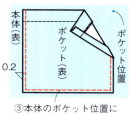

③ 本体のポケット位置に合わせ、ぬいつける

④ 入れ口の端から内側をぬいとめる

3 本体のわきとまちをぬう

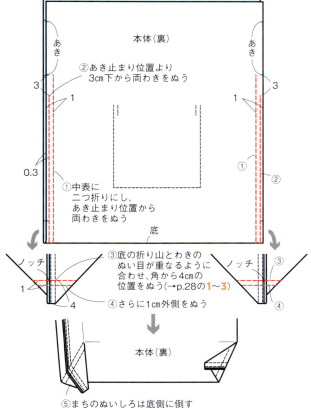

4 あきの始末をする

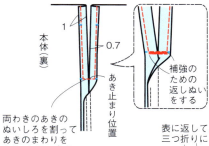

両わきのあきのぬいしろを割ってあきのまわりをぬう。もう一方のあきも同様にぬう

補強のための返しぬいをする

5 入れ口をぬう

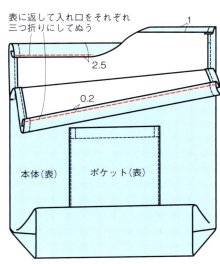

表に返して入れ口をそれぞれ三つ折りにしてぬう

次ページに続く　69

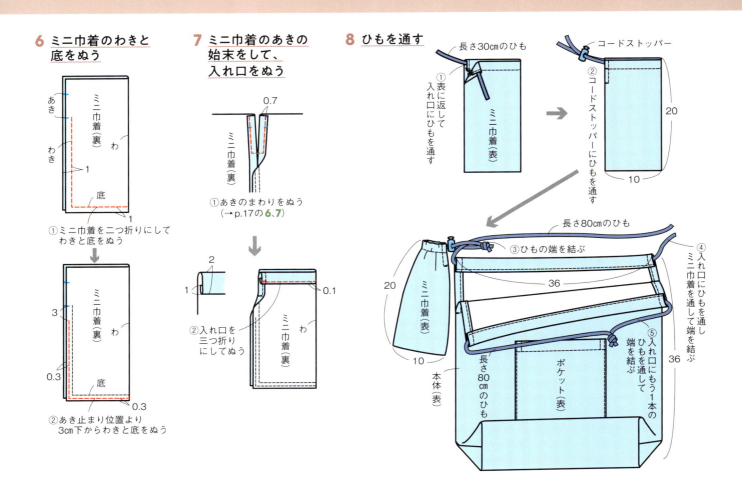

ボトルカバー

材料 各1個分

布…ダブルガーゼ（大）35×30cm （小）35×25cm
その他…太さ0.4cmのひも 35cm、コードストッパー 1個

裁ち方図 単位はcm

（ ）内はぬいしろ。指定以外は1cm
— は裁断後にノッチ（切り込みの印→p.5）を入れる

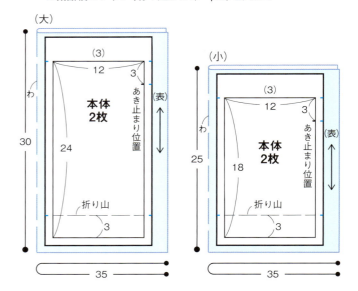

350ml用と500ml用の ボトルカバー

ペットボトルやマグボトルを入れて使いましょう。巾着の応用なので簡単に作れます。ボトルに水滴がついていてもバッグの中身をぬらさず、自分のボトルが見分けやすいメリットもあります。350ml用と500ml用の2サイズで紹介。手持ちのボトルに合わせる際は、製図の幅はそのまま、高さを底からキャップの下＋3cm（まち分）を目安に調整しましょう。

● 作り方

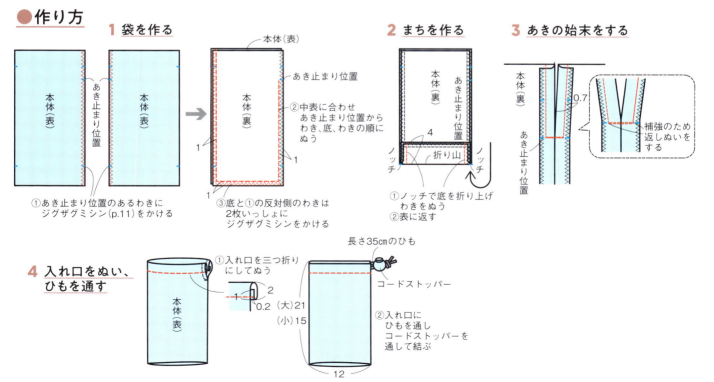

デザイン・製作・指導
水野佳子（Yoshiko Mizuno）

ソーイングデザイナー。1971年生まれ。文化服装学院アパレルデザイン科卒。アパレル会社勤務ののち、独立、ソーイングファンから評価が高く、ぬうことを中心に幅広く活躍中。著書に『リュック作り教室』（主婦と生活社）、『きれいに縫うための パターン 裁断 縫い方の基礎の基礎』（文化出版局）など多数。

● STAFF
装丁・本文デザイン　周玉慧
カバー・本文撮影　佐山裕子（主婦の友社）
本文撮影　梅沢仁
スタイリング　絵内友美ほか
製図協力　吉本由美子
デジタルトレース　下野彰子
編集　岡田範子
編集担当　森信千夏（主婦の友社）

● 天板協力
UTUWA
https://www.awabees.com/

決定版
通園・通学バッグとグッズの超きほん

2025年1月20日　第1刷発行

著　者　水野佳子
発行者　大宮敏靖
発行所　株式会社主婦の友社
　　　　〒141-0021 東京都品川区上大崎 3-1-1 目黒セントラルスクエア
　　　　電話 03-5280-7537（内容・不良品等のお問い合わせ）
　　　　　　 049-259-1236（販売）
印刷所　TOPPANクロレ株式会社

© Yoshiko Mizuno 2024 Printed in Japan　ISBN978-4-07-460204-9

■実物大型紙はカッターなどを使ってていねいにきりとりましょう。
■本書の作品を無断で複製し販売することはかたくお断りします。
発見した場合は法的手段をとらせていただく場合があります。

Ⓡ〈日本複製権センター委託出版物〉
本書を無断で複写複製（電子化を含む）することは、著作権法上の例外を除き、禁じられています。本書をコピーされる場合は、事前に公益社団法人日本複製権センター（JRRC）の許諾を受けてください。また本書を代行業者等の第三者に依頼してスキャンやデジタル化することは、たとえ個人や家庭内での利用であっても一切認められておりません。
JRRC〈https://jrrc.or.jp　eメール:jrrc_info@jrrc.or.jp　電話:03-6809-1281〉

■本のご注文は、お近くの書店または主婦の友社コールセンター（電話0120-916-892）まで。
＊お問い合わせ受付時間　月〜金（祝日を除く）　10:00〜16:00
＊個人のお客さまからのよくある質問のご案内　https://shufunotomo.co.jp/faq/

本書は『通園・通学グッズの超きほん＋マスクとサブバッグ』（2020年主婦の友社発行）の改訂版です。